AF193548

Esperanza
para los momentos
difíciles

Ediciones Palabra
Madrid

Título original: *Hope for hard Times*

© Copyright 2009 by Scott Hahn. Published by Our Sunday Visitor
    Publishing Division, Our Sunday Visitor, Inc. All rights reserved
© Ediciones Palabra, S.A., 2025
    Ronda del Caballero de la Mancha, 59 — 28034 Madrid
    Telf.: (34) 91 350 77 20 — (34) 91 350 77 39
    www.palabra.es
    palabra@palabra.es

Diseño de cubierta: Equipo editorial
ISBN: 978-84-1368-475-8
Depósito Legal: M-12.511-2025
Printed in Spain — Impreso en España

Scott Hahn

Esperanza para los momentos difíciles

Albor

Nada te turbe, nada te espante,
todo se pasa, Dios no se muda,
la paciencia todo lo alcanza,
quien a Dios tiene nada le falta,
solo Dios basta.

NOTA EN EL BREVIARIO
DE SANTA TERESA DE ÁVILA

ÍNDICE

1. ¿ASÍ TRATAS A TUS AMIGOS?

La única tragedia en esta vida es no ser santo.

LÉON BLOY

Lo único que quiso santa Teresa de Ávila fue vivir una vida sencilla de pobreza y oración. Pero vivir una vida divinizada parece un insulto deliberado en un mundo que está enamorado de la frivolidad, y la santa sufrió innumerables dificultades; fue denunciada ante la Inquisición y tratada con desprecio y crueldad por supuestos mecenas que quisieron que guiase sus conventos a su conveniencia. En lugar de vivir una tranquila contemplación, su vida se llenó de sufrimientos por las oposiciones y rechazos que padeció. Así, un día en el que pensaba que había llegado al límite, dio rienda suelta a un torrente de quejas ante nuestro Señor.

«Pero, Teresa», le respondió, «así es como trato a mis amigos».

«Entonces no me extraña que tengas tan pocos», replicó la santa.

La queja de Teresa podría haber partido, con la misma verosimilitud, de cualquiera de los amigos de Dios que hallamos en la Biblia. Pensemos en Abel, en los albores de la historia, derrotado y muerto a manos de su hermano. Pensemos en Noé, padeciendo la vacía repetición de un mes de lluvias, viviendo rodeado de animales mientras su mundo se deshacía entre las aguas. Pensemos en Abraham, la única persona a la que la Biblia califica de «amigo de Dios» (*St* 2, 23); afrontó las pruebas más duras, que culminaron con una petición para que sacrificase a su único hijo.

El patriarca José, también escogido por Dios, fue vendido como esclavo, acusado falsamente de adulterio y encarcelado. Moisés, David y Jeremías se vieron sometidos a calamidades. Encontramos a Job, que perdió su hogar, su familia y su salud, y todo ello sin haber hecho nada malo. No era un castigo merecido; le ocurrió sin más.

Por último, pensemos en la Virgen María; creyó lo que le había prometido Dios en la Anunciación, pero también supo que esa promesa acarreaba un revés tenebroso; el sacerdote Simeón le había profetizado que padecería un enorme dolor:

«Simeón les bendijo y dijo a María, su madre: "Este está puesto para caída y elevación de muchos en Israel, y para ser señal de contradicción —¡y a ti misma una espada te atravesará el alma!— a fin de que queden al descubierto las intenciones de muchos corazones"».

Lc 2, 34-35

Unos treinta años después supo a qué se refería. Allí, al pie de la cruz, vio a su hijo crucificado como el peor de los criminales, como un traidor y un terrorista.

¿Así trata Dios a sus amigos?

Entonces, ¿de verdad queremos ser amigos de Dios? Pues sí, rotundamente. Descubrimos un cierto patrón en las vidas de los que se mantienen fieles al Señor. Atraviesan pruebas y sufrimientos, pero siempre acaban siendo las personas con una vida más digna de envidia del mundo. Y lo son porque viven en la esperanza de poseer algo que todos deseamos: amor.

Solo el amor satisface

El amor es lo único que nos llena, y por eso todos lo anhelamos. Sin embargo, el amor siempre exige sacrificios.

El amor verdadero siempre exige sacrificios.

Esta afirmación se cumple también para el amor humano. Abandonamos la «libertad» de vivir solos a cambio de la libertad más alta del matrimonio con aquel al que amamos. Nos desprendemos de un buen pellizco en nuestra cuenta corriente para comprar un anillo de compromiso. Renunciamos con gusto a placeres que nos obligarían a alejarnos de los que queremos.

La literatura romántica está plagada de historias de vigilias, viajes, pruebas y regalos desmesurados. ¿Por qué? Porque el amor es algo por lo que merece la pena sufrir, incluso el amor terrenal, aunque todo amor sea finito.

El catecismo de la Iglesia nos enseña que «el amor causa el deseo del bien ausente y la esperanza de obtenerlo» (1765). Santo Tomás de Aquino aclara que ese bien ausente, en el caso del amor, es un bien arduo, difícil.

El sufrimiento es un gran favor. Recuerda que todo acaba pronto… y sé valiente. Piensa que nuestro premio es eterno.

SANTA TERESA DE ÁVILA

La gente afronta a diario dificultades a causa del amor. ¡Cuánto, entonces, podremos resistir por el amor verdadero y eterno, el amor que satisface, el amor divino! Si esperásemos obtener algo tan grande como el amor que se les prometió a Abraham, a la bienaventurada Virgen María y a Teresa de Ávila, ¿qué no soportaríamos? ¿El dolor, el sufrimiento, el abandono, las incomprensiones? ¿Ser víctimas del mal? La esperanza nos hará atravesar todas esas circunstancias, como ha hecho que las atraviesen todos los amigos de Dios. Pudieron superarlas y perseverar porque el amor fue más fuerte que cualquier tormento que se les presentó.

Puede haber momentos difíciles, sí, pero la esperanza dura más. Es una de las tres únicas cosas que permanecen (ver *1 Co* 13, 13).

Para recordar

Los santos y las Escrituras
nos enseñan que las dificultades
no tienen por qué hacernos infelices.

2. ¿QUÉ ESPERAMOS?

A los que buscan el Reino y la justicia de Dios, Él les promete darles todo por añadidura. Todo, en efecto, pertenece a Dios: al que posee a Dios, nada le falta, si él mismo no falta a Dios.

SAN CIPRIANO DE CARTAGO

¿Cómo tener esperanza cuando estamos abatidos? No abatidos porque tenemos fiebre y nos duele algo, sino abatidos cuando, por ejemplo, nuestros hogares han sido destruidos y nos han empujado al exilio en Babilonia.

En el corazón de toda miseria hay un deseo no alcanzado.

Deseamos la prosperidad económica, o al menos la estabilidad. Buscamos el alivio para nuestro dolor físico. Queremos que los miembros de nuestra familia cambien, y que nuestros compañeros de trabajo y nuestros vecinos nos traten con respeto. Queremos educar a nuestros hijos en la moralidad, y que lleguen a ser adultos felices.

Sin duda son asuntos importantes, pero ¿son un fin razonable para nuestra esperanza? Desde luego, las Escrituras nos mueven a creer que sí. En la Biblia encontramos a hombres y mujeres que rezan para obtener todo tipo de bienes materiales, y Dios responde a sus peticiones, en apariencia, según lo que solicitan.

¿Por qué, entonces, debemos padecer tiempos de dificultad, a pesar de todas las plegarias que hemos elevado pidiendo auxilio?

La respuesta, tal vez, reside en el objeto de nuestra esperanza. ¿Esperamos —en definitiva— la felicidad terrenal, o tenemos puesta nuestra esperanza en Dios?

La verdadera esperanza busca solo el reino de Dios, y está convencida de que todo lo material que se necesita en esta vida le llegará sin duda… El corazón no encontrará la paz hasta que adquiera esta esperanza.

SAN SERAFÍN DE SAROV

Hace unos pocos años, en América, muchos empezaron a recitar la oración bíblica de Jabez para incrementar su riqueza económica. No obstante, no detecté que en mi ciudad se produjese un incremento equivalente en el número de millonarios. Los ateos se reirán, y afirmarán que no hay un dios que responda a estas súplicas. Para un católico, sin embargo, la respuesta correcta sería afirmar que Dios, en ocasiones, responde a esas plegarias, pero con frecuencia se niega a ellas, según la necesidad principal del que reza.

Las mayores necesidades no son financieras, sino espirituales y la mayor de todas es el amor que satisface. Este amor es siempre un objeto razonable para nuestra esperanza.

En ocasiones, Dios nos concede lo que queremos —incluso dinero— para que aprendamos a confiar en que nos otorgará lo que necesitamos.

Cuando «responde» a las plegarias en términos materiales, esa respuesta no es la definitiva, porque los bienes terrenales no pueden satisfacernos durante mucho tiempo. Los bienes del mundo no conllevan la felicidad como hace el amor; es una lección que aprendemos mirando a nuestro alrededor. No faltan los millonarios abatidos, personas desgraciadas que gozan de una extraordinaria salud, o trabajadores bien pagados y estables que son infelices.

Dios a veces nos concede lo que deseamos para que aprendamos a confiarle aquello que necesitamos.

En ocasiones nos hace falta aprender esta lección experimentando en persona la desgracia en medio del éxito terrenal. En otras ocasiones esta lección nos llega en forma de experiencia personal al fracasar en nuestros modestos objetivos terrenales, a pesar de nuestras ardientes plegarias.

Dios puede responder a todas las peticiones porque es el creador todopoderoso, pero las atiende a su manera porque es nuestro Padre.

Para recordar

Nuestra mayor necesidad
es el amor que satisface.
Solo el amor de Dios satisface.

3. CÓMO AMA EL PADRE

«Danos»: es hermosa la confianza de los hijos que esperan todo de su Padre. (…) Jesús nos enseña esta petición; con ella se glorifica, en efecto, a nuestro Padre reconociendo hasta qué punto es bueno más allá de toda bondad.

Catecismo de la Iglesia Católica, 2828

¿Recuerdas cómo te disgustaba que te castigasen cuando eras pequeño? Tal vez llegaste a pensar que tus padres no te querían. No era culpa tuya si habías incumplido las normas. O puede que lo fuese, pero no era motivo suficiente para que te castigasen. Ahora que somos mayores, entendemos lo difícil que resulta disciplinar a los niños. Algunos tenemos hijos, y cuando rompen las reglas, sabemos que no podemos dejar que se salgan con la suya.

Pero también sabemos que los castigos les duelen, y no soportamos verlos dolidos. Es lo que ocurre con los niños: en ocasiones lo que es bueno para ellos no les hace sentirse bien, y a nosotros tampoco.

Lo sabemos, pero aun así es fácil de olvidar cuando somos niños. La Epístola a los Hebreos nos recuerda que nosotros somos los niños de Dios.

«Habéis echado en olvido la exhortación que como a hijos se os dirige: Hijo mío, no menosprecies la corrección del Señor; ni te desanimes al ser reprendido por él.

Pues a quien ama el Señor, le corrige; y azota a todos los hijos que acoge».

Hb 12, 5-6

¿Qué significa realmente que seamos hijos de Dios? Lo que quiere decir es que nos ama de verdad, lo suficiente como para tratarnos como un buen padre trata a sus hijos. Nos ama tanto como para castigarnos.

«Sufrís para corrección vuestra. Como a hijos os trata Dios, y ¿qué hijo hay a quien su padre no corrige? Mas si quedáis sin corrección, cosa que todos reciben, señal de que sois bastardos y no hijos. Además, teníamos a nuestros padres según la carne, que nos corregían, y les respetábamos. ¿No nos someteremos mejor al Padre de los espíritus para vivir? ¡Eso que ellos nos corregían según sus luces y para poco tiempo!; mas él, para provecho nuestro, en orden a hacernos partícipes de su santidad.

Cierto que ninguna corrección es de momento agradable, sino penosa; pero luego produce fruto apacible de justicia a los ejercitados en ella».

Hb 12, 7-11

Estas palabras de la Carta a los Hebreos nos dicen algo sobre el castigo que nos sorprende, pero también nos consuela. Todos pasamos por épocas difíciles, pero la epístola nos muestra que esos momentos no son signos de la ira de Dios. Al contrario, son signos de su amor.

Si no pasásemos por momentos difíciles, no sabríamos que Dios nos ama.

Cuántas veces nos han dicho exactamente lo mismo nuestros padres. «Lo hago porque te quiero».

«Sí, claro», decimos para nuestros adentros cuando tenemos 8 años. Lo haces porque me odias y quieres que me sienta mal.

Pero ya hemos crecido, ya les decimos eso mismo a nuestros hijos. Es más: sabemos lo cierto que es con cada fibra de nuestro ser.

Castigo por amor

Si no quisiésemos a nuestros hijos —si estuviésemos deseando librarnos de ellos—, entonces les dejaríamos hacer lo que les diese la gana. Desde luego no pasaríamos horas intentando que hiciesen los deberes o que ordenasen su cuarto. Nos limitaríamos a concederles una libertad absoluta sin consecuencias. En poco tiempo se habrían caído desde un muro o les habría atropellado un tren, y ya seríamos libres de hacer lo que quisiésemos sin preocuparnos por lo que les pudiese pasar.

Por eso la Carta a los Hebreos nos dice que los momentos difíciles son los que nos permiten saber que Dios es nuestro padre. Si nos dejase galopar alegremente por la senda de la perdición, no seríamos sus hijos. Seríamos «bastardos», por utilizar el impactante epíteto que se lee en Hebreos. Pero somos de verdad los hijos de Dios, y eso significa que nos quiere tanto como para castigarnos. Es desagradable, tanto como cuando teníamos 8 años y nos mandaban a nuestra habitación en una tarde de verano. Si crees que no se puede comparar eso con los momentos difíciles que atraviesa un adulto, pregúntaselo a un niño de 8 años.

Me gustaría que todos entendiesen la enorme gracia que Dios, en su misericordia, otorga a aquellos a los que envía sufrimientos (…). Así se purifica el alma, como el oro en la caldera; sin saberlo, se vuelve radiante y es libre para volar hasta su Bien.

San Pablo de la Cruz

La disciplina no es lo mismo que la ira; la disciplina es el castigo de un padre a sus hijos porque no puede dejar de amarles. Cuando leemos los horrores de Israel y Judá, o cuando nos detenemos a considerar los sufrimientos, igualmente horribles, que se producen hoy en el mundo, pensamos en la «ira» de Dios, pero en realidad deberíamos pensar en su amor.

Esto es lo que más cuesta entender de nuestra fe, igual que nos costaba comprender cómo podían castigarnos nuestros padres a causa de su amor. Pero Dios dispone de modos de ayudarnos a entender. Como siempre, puede que no nos gusten, pero al final se los agradeceremos.

La misma disciplina es una razón de esperanza. Prueba que nos ama, como un padre ama a sus hijos. La fe nos permite aceptar lo que nos dice el Padre porque aceptamos su autoridad. La esperanza nos permite confiar en que su palabra se cumple y su cuidado no cesa. Podemos esperar porque tenemos fe.

Para recordar

La disciplina de Dios
es una prueba de su amor paternal.

4. NUESTRA FE A PRUEBA

Abraham estaba firmemente convencido de que aquel que le dijo que «por Isaac llevará tu nombre una descendencia» no mentía.

SAN EFRÉN DE SIRIA

Ya he mencionado la historia de cómo se dijo a Abraham que sacrificase a Isaac, su único hijo, y cómo estaba dispuesto a hacerlo. Fue una prueba para su fe, nos dice el libro del Génesis. Fue también una prueba para su esperanza, y una prueba que superó. San Pablo reflexionó acerca de Abraham: «Esperando contra toda esperanza, creyó y fue hecho padre de muchas naciones» (*Rm* 4, 18), y todo ello a pesar de no tener hijos, a pesar de su avanzada edad y a pesar de todas las evidencias del mundo.

Para empezar, Isaac era una imposibilidad, un milagro. Era el sueño más irrealizable de Abraham hecho realidad. Y eso era lo que Dios le pedía que abandonase. Cualquier hijo es un milagro especial, pero este no era un hijo cualquiera. Isaac era la realización imposible y milagrosa de todas las promesas que Dios había confiado a Abraham.

Abraham tenía fe en Dios. Puede que no le entendiese, puede que no le gustase, pero sabía que el proceder de Dios era el correcto.

«Levantose, pues, Abraham de madrugada, aparejó su asno y tomó consigo a dos mozos y a su hijo Isaac. Partió la leña del holocausto y se puso en marcha hacia el lugar que le había dicho Dios. Al tercer día levantó Abraham los ojos y vio el lugar desde lejos. Entonces dijo Abraham a sus mozos: "Quedaos aquí con el asno. Yo y el muchacho iremos hasta allí, haremos adoración y volveremos donde vosotros". Tomó Abraham la leña del holocausto, la cargó sobre su hijo Isaac, tomó en su mano el fuego y el cuchillo, y se fueron los dos juntos».

Gn 22, 3-6

Se ve, por cierto, cómo Isaac carga con la leña para su propio sacrificio. Ya no era un niño pequeño; para entonces era un joven fornido. Solemos olvidarlo, pero los antiguos rabinos judíos y los primeros escritores cristianos eran mucho más conscientes; el sacrificio de Isaac no consistió en que Abraham le atase contra su voluntad. Isaac, joven y fuerte, participó completamente y a sabiendas; de haber intentado escaparse, habría derrotado sin duda a su anciano padre.

«Dijo Isaac a su padre Abraham: "¡Padre!". Respondió: "¿Qué hay, hijo?". —"Aquí está el fuego y la leña, pero ¿dónde está el cordero para el holocausto?". Dijo Abraham: "Dios proveerá el cordero para el holocausto, hijo mío". Y siguieron andando los dos juntos».

Gn 22, 7-8

Hay que detenerse aquí para admirar cómo el experto artista que nos legó la narración mantiene el suspense y plasma el estado emocional de Abraham de un solo golpe. Isaac empieza a elucubrar, sumando 2+2: sabe que van a ofrecer un sacrificio, pero no ve ningún animal. Pudo empezar a sospechar la verdad, pero, si lo hizo, siguió manteniendo su fe en Dios y en su padre Abraham.

«Llegados al lugar que le había dicho Dios, construyó allí Abraham el altar, y dispuso la leña; luego ató a Isaac, su hijo, y le puso sobre el ara, encima de la leña. Alargó Abraham la mano y tomó el cuchillo para inmolar a su hijo. Entonces le llamó el ángel de Yahvé desde los cielos diciendo: "¡Abraham, Abraham!". Él dijo: "Heme aquí". Dijo el ángel: "No alargues tu mano contra el niño ni le hagas nada, que ahora ya sé que tú eres temeroso de Dios, ya que no me has negado tu hijo, tu único".

Levantó Abraham los ojos, miró y vio un carnero trabado en un zarzal por los cuernos. Fue Abraham, tomó el carnero y lo sacrificó en holocausto en lugar de su hijo. Abraham llamó a aquel lugar "Yahvé provee", de donde se dice hoy en día: "En el monte 'Yahvé provee'"».

Gn 22, 9-14

La historia tiene un final feliz; para todos los que permanecen fieles al Señor, la historia siempre tiene un final feliz, aunque no es necesario que lo alcancemos a este lado de la sepultura, como le ocurrió a Abraham.

Resultaría fácil afirmar que nuestra fe nunca será puesta a prueba como la de Abraham. Resultaría tan fácil como falso.

Las pérdidas son inevitables

Lo cierto es que a todos se nos pedirá que renunciemos a aquello que ni siquiera habíamos pensado en renunciar.

A todos se nos pedirá renunciar a aquello que ni siquiera habíamos pensado en renunciar.

Una madre, un padre, una esposa, un marido, un hijo… ¿quién de nosotros renunciaría voluntariamente a ellos?

Pues Dios nos lo exigirá, como se lo exigió a Abraham. Antes o después dejaremos atrás a alguno de nuestros seres queridos y cuando termine nuestra vida en la tierra nos separaremos de todos ellos.

¿Por qué? No porque Dios sea cruel o caprichoso, sino porque es necesario, tanto para los que amamos como para nosotros mismos.

Sabemos que el paraíso es nuestro destino, o al menos lo conocemos intelectualmente. Pero nuestro corazón no siempre está en sintonía con nuestra mente, y debemos poseer la fe de Abraham: una fe en la resurrección, nada menos.

«Por la fe, Abraham, sometido a la prueba, presentó a Isaac como ofrenda, y el que había recibido las promesas ofrecía a su unigénito, respecto del cual se le había dicho: "Por Isaac tendrás descendencia". Pensaba qué poderoso era Dios aun para resucitar de entre los muertos. Por eso lo recobró para que Isaac fuera también figura».

Hb 11, 17-19

Dios había prometido a Abraham que Isaac continuaría su linaje; después Dios pareció contradecirse. Es cierto que Dios no promete nada que no cumpla... pero sus promesas no tienen por qué realizarse en esta vida. Dios prueba nuestra fe como probó la de Abraham.

Hoy, al escuchar que «Dios puso a prueba a Abraham», seguramente nos imaginemos a Dios como a uno de esos maestros de escuela que, con malicia, preguntan de repente algo al azar porque piensan que no estábamos atentos.

Dios no nos pone a prueba de este modo.

Una de las cualidades del ser omnisciente es que conoce de antemano el corazón de todo hombre y mujer. Dios conoce nuestra fe; no le hace falta elaborar complejos experimentos para contrastarla.

No te retuerzas bajo el martillo que te golpea. Mira el cincel que te pule y la mano que te da forma. El hábil y amoroso arquitecto puede querer hacer de ti una de las piedras fundamentales de su edificio eterno, y la escultura más bella de su reino. Déjale hacer. Te ama. Sabe lo que está haciendo. Tiene experiencia. Todos sus golpes son certeros, directos y amorosos. Nunca falla, a no ser que se lo impidas por tu impaciencia.

San Luis Mª Grignion de Montfort

Sin embargo, nosotros no conocemos nuestra fe. Cuando un profesor examina, quiere averiguar cuánto sabemos. Dios lo sabe todo, y nos pone a prueba para que averigüemos cosas de nosotros mismos que desconocíamos. Las pruebas nos confrontan con nuestra debilidad y nos otorgan una mayor conciencia de nuestra necesidad de la fuerza de Dios.

Por eso incluso las épocas difíciles son buenas. De hecho, podríamos afirmar que las épocas más difíciles son las mejores.

La disciplina no es un castigo

La realidad es que Dios no nos castiga con momentos difíciles; nos corrige con esos momentos. La diferencia es grande.

Dios castiga permitiendo a las personas que tengan todo lo que quieren (*vid. Rm* 1, 18-28). Si ves a alguien que parece prosperar en la maldad, probablemente sea una persona que ha dado la espalda de tal modo a Dios que nada podría hacerle volver. No le queda más que seguir el ancho y placentero camino que lleva directamente al infierno (*vid. Mt* 7, 13).

Aquí tienes la respuesta de por qué con frecuencia a los malvados les va bien mientras los virtuosos sufren; Dios quiere tanto a los virtuosos como para corregirles, sabiendo que esa disciplina les llevará de nuevo a él cuando se desvíen.

La disciplina puede parecer dura, pero eso es porque nuestro punto de vista humano interfiere. Como cristianos debemos acostumbrarnos a verlo todo a largo plazo, con una visión desde el punto de vista cristiano.

Si Dios permite que sufras mucho, eso es un signo de que tiene grandes designios para ti y de que pretende hacer de ti un santo.

San Ignacio de Loyola

Si realmente creemos aquello que decimos que creemos, entonces nuestra vida en la tierra es solo una pequeña parte de toda nuestra vida. Da igual lo doloroso que nos resulte lo que nos ocurra aquí; debemos tener presente el paraíso. Si lo hacemos, nos daremos cuenta de que nuestras peores pesadillas son solo unas molestias temporales. Incluso la muerte —incluso la peor de las muertes— no es el final. Aquello que más tememos se alza entre nosotros y el paraíso, pero sabemos que podremos resistirlo para alcanzar el otro lado.

Eso no significa que no nos duela, ni hace que los momentos difíciles sean menos difíciles. He aquí un secreto que tal vez no te contaron en catequesis: cuando llegan los momentos duros, a veces hasta los santos protestan.

Para recordar

Todo amor requiere sacrificios.

5. PROTESTAR A DIOS

Obedeció a su Señor, pero protestando. No era un santo de los de escayola.

PHYLLIS MCGINLEY
SOBRE SAN JERÓNIMO

El libro más grande de la Biblia es el de los Salmos, con el que reza la gente de Dios. Está repleto de himnos para cada ocasión; para la liturgia, para las devociones privadas, para cualquier pena y alegría de las que está llena la vida del hombre.

Si nos da por extraer estadísticas, he aquí una en la que no solemos pararnos a reflexionar: más del 40% de los salmos son cantos de «protesta» o de lamento. Casi la mitad.

Nos sorprende. Más aún, nos deja sin palabras. ¿Quién se atreve a protestarle a Dios?

En realidad quejarse a Dios es uno de los privilegios de ser sus hijos. Pero es necesario comprender la diferencia entre quejarse y refunfuñar. Lo que hacían los israelitas en el desierto era refunfuñar. Se quejaron de Dios, no ante Dios. De hecho, estuvieron dispuestos a prenderle fuego y fundir otro dios que les gustase más; por eso pidieron a Aarón que moldeara un becerro de oro.

Quejarse no es lo mismo que refunfuñar o murmurar.

Las consecuencias de la murmuración pueden ser nefastas. San Pablo recordó a sus amigos corintios lo que les ocurrió a los israelitas rebeldes en el desierto:

«Ni tentemos al Señor como algunos de ellos le tentaron y perecieron víctimas de las serpientes. Ni murmuréis como algunos de ellos murmuraron y perecieron bajo el Exterminador. Todo esto les acontecía en figura, y fue escrito para aviso de los que hemos llegado a la plenitud de los tiempos».

1 Co 10, 9-11

La letanía de los salmos

Refunfuñar —quejarse de Dios— está mal. Pero quejarse a Dios es algo diferente. Si te quejas a alguien, es porque asumes que esa persona se preocupa por ti.

«No ocultes lejos de mí tu rostro el día de mi angustia; tiende hacia mí tu oído, ¡el día en que te invoco, presto, respóndeme! Pues mis días en humo se disipan, mis huesos arden lo mismo que un brasero».

Sal 102, 3-4

El poeta, que se identifica solo como «el afligido», se queja a Dios de su aflicción. Pero se queja, no porque piense que Dios gestiona el universo de forma chapucera, sino porque cree que Dios puede intervenir en sus problemas. Y a causa de esta creencia resiste con una esperanza razonable.

«Y temerán las naciones el nombre de Yahvé, y todos los reyes de la tierra, tu gloria; cuando Yahvé reconstruya a Sión, y aparezca en su gloria».

Sal 102, 16-17

Una fe así aparece incluso en los salmos más tristes. El más conocido de todos los salmos en tono de queja, desde luego, es el 22, que el mismo Cristo recitó justo antes de morir en la cruz.

«Dios mío, Dios mío, ¿por qué me has abandonado?, ¡lejos de mi salvación la voz de mis rugidos!

Dios mío, de día clamo, y no respondes, también de noche, no hay silencio para mí».

Sal 22

Hasta aquí se presenta muy sombrío, pero David —al que se atribuye este salmo— no se extiende más sin expresar su confianza en Dios:

«¡Mas tú eres el Santo, que moras en las laudes de Israel!

En ti esperaron nuestros padres, esperaron y tú los liberaste; a ti clamaron, y salieron salvos, en ti esperaron, y nunca quedaron confundidos».

Sal 22

Esa confianza no hace que los problemas reales desaparezcan, y apenas facilita sobrellevarlos:

«Y yo, gusano, que no hombre, vergüenza del vulgo, asco del pueblo, todos los que me ven de mí se mofan, tuercen los labios, menean la cabeza: "Se confió a Yahvé, ¡pues que él le libre, que le salve, puesto que le ama!"».

Sal 22

Aun así David sabe que Dios le ha guardado durante toda su vida, y toda su esperanza se fundamenta en la fe en que Dios no le ha olvidado, a pesar de las apariencias.

«Sí, tú del vientre me sacaste, me diste confianza a los pechos de mi madre;
a ti fui entregado cuando salí del seno, desde el vientre de mi madre eres tú mi Dios».

Sal 22

No vemos a alguien rebelándose contra su rey. Vemos a un hijo rogando a su Padre que le ayude. Por eso son tan maravillosos los salmos de protesta; nos dan esa libertad para acceder a Dios como a un Padre, al modo de los niños.

En el papel de Dios

«Si yo fuese padre» —afirmamos quejándonos como nuestros hijos se quejan ante nosotros—, «si yo fuese padre, no sometería a mis hijos a lo que tú nos sometes». Pero no es así como termina el salmista. A pesar de sus protestas, finaliza expresando su fe en Dios: «No sometería a mis hijos a lo que tú nos sometes. Pero tú eres un padre mejor de lo que yo podría ser jamás. Eres más fuerte, más sabio y más amoroso que yo».

No puedes finalizar con una queja, porque, si no, tú mismo te harás sentir abandonado. Lamentarte no hará que te sientas bien, a no ser que vayas más allá. Necesitas un acto de fe.

Cientos de años antes de la resurrección de Jesús, los salmistas sabían que sus protestas no estarían completas hasta que expresasen su fe y esperanza, hasta que manifestasen su confianza en que, a pesar de las grandes dificultades y de lo insoportable de su dolor, Dios seguiría acudiendo finalmente en su auxilio.

Por lo tanto no deberíamos temer acudir a Dios con protestas al rezar, pero sin detenernos ahí. Es necesario tener en cuenta los actos de fe y esperanza.

Para mí la oración es un impulso para el corazón, una mirada al paraíso, un grito de gratitud y amor expresado en las alegrías y en las penas; en una palabra, algo noble y sobrenatural que engrandece mi alma y la une a Dios.

SANTA TERESA DE LISIEUX

Los salmistas sabían —y nosotros no nos podemos permitir olvidarlo— que Dios ha pasado miles de años mostrando al mundo una y otra vez que de los mayores males hace brotar los mayores bienes. Es lo que ocurrió con la crucifixión de Jesús, el pecado más horrible que cometió la humanidad contra Dios, pero que trajo el mayor bien, nuestra salvación.

¿Por qué? ¿Por qué en ocasiones es necesario un gran mal para obtener un bien mayor? ¿No podría Dios ser más atento y obtener un gran bien de algo bueno de por sí, por ejemplo?

Como ocurre con frecuencia, san Pablo nos da una respuesta; resulta que lo que creemos que es un «bien» para nosotros no es necesariamente bueno.

Para recordar

Está bien quejarse a Dios.
Él lo acoge.

6. FUERZA EN LA DEBILIDAD

Agustín ilustró de forma muy bella la relación íntima entre oración y esperanza en una homilía sobre la Primera Carta de san Juan. Él define la oración como un ejercicio del deseo. El hombre ha sido creado para una gran realidad, para Dios mismo, para ser colmado por Él. Pero su corazón es demasiado pequeño para la gran realidad que se le entrega. Tiene que ser ensanchado. «Dios, retardando [su don], ensancha el deseo; con el deseo, ensancha el alma y, ensanchándola, la hace capaz [de su don]».

BENEDICTO XVI,
Spe Salvi, 33

Siempre que atravesemos dificultades, deberíamos recordar que Dios nos enseñó a rezar sin desfallecer.

«Les dijo también: "Si uno de vosotros tiene un amigo y, acudiendo a él a medianoche, le dice: 'Amigo, préstame tres panes, porque ha llegado de viaje a mi casa un amigo mío y no tengo qué ofrecerle', y aquel, desde dentro, le responde: 'No me molestes; la puerta ya está cerrada, y mis hijos y yo estamos acostados; no puedo levantarme a dártelos', os aseguro que, si no se levanta a dárselos por ser su amigo, al menos se levantará por su importunidad, y le dará cuanto necesite"».

Lc 11, 5-8

La imagen tiene gracia; deberíamos perseverar en nuestras peticiones a Dios, porque terminará por concedérnoslas, ¡aunque sea para que nos callemos!

La clave está, por supuesto, en que Dios nos concede lo que necesitamos, que no es siempre lo que queremos. De hecho, algunas veces lo que necesitamos es justo lo contrario.

Esto se cumplió incluso en el caso del propio Jesús, porque ni siquiera Él obtuvo siempre lo que pidió. Recordemos la oración en el huerto de Getsemaní.

«Salió y, como de costumbre, fue al monte de los Olivos, y los discípulos le siguieron. Llegado al lugar les dijo: "Pedid que no caigáis en tentación". Y se apartó de ellos como un tiro de piedra, y puesto de rodillas oraba diciendo: "Padre, si quieres, aparta de mí esta copa; pero no se haga mi voluntad, sino la tuya". Entonces se le apareció un ángel venido del cielo que le confortaba. Y, sumido en agonía, insistía más en su oración. Su sudor se hizo como gotas espesas de sangre que caían en tierra. Levantándose de la oración, vino donde los discípulos y los encontró dormidos por la tristeza; y les dijo: "¿Cómo es que estáis dormidos? Levantaos y orad para que no caigáis en tentación"».

Lc 22, 39-46

No se apartaría de Él ese cáliz, pero Jesús tenía suficiente fe, y sabía lo suficiente, como para añadir la última frase: «pero no se haga mi voluntad, sino la tuya».

Jesús tuvo también la presencia de ánimo para indicar a sus discípulos que pidiesen aquello que necesitaban en realidad; lo que querían era mantener a Jesús lejos de las autoridades, que deseaban su muerte. Lo que necesitaban era ser capaces de soportar las siguientes 24 horas sin abandonarle.

¿Nos escucha Dios?

Siempre que recemos pidiendo una curación, o la resolución de un problema, deberíamos recordar cómo oró Jesús: «Pero no se haga mi voluntad, sino la tuya». Siempre que nos tiente quejarnos de que Dios no responde a nuestras plegarias, deberíamos recordar la oración de Jesús en Getsemaní; obtuvo una respuesta, pero esa respuesta fue «no». Fue la que tenía que ser.

Pablo vivió la misma experiencia.

«Y por eso, para que no me engría con la sublimidad de esas revelaciones, fue dado un aguijón a mi carne, un ángel de Satanás que me abofetea para que no me engría. Por este motivo tres veces rogué al Señor que se alejase de mí. Pero él me dijo: "Mi gracia te basta, que mi fuerza se muestra perfecta en la flaqueza". Por tanto, con sumo gusto seguiré gloriándome sobre todo en mis flaquezas, para que habite en mí la fuerza de Cristo. Por eso me complazco en mis flaquezas, en las injurias, en las necesidades, en las persecuciones y las angustias sufridas por Cristo; pues, cuando estoy débil, entonces es cuando soy fuerte».

2 Co 12, 7-10

También aquí san Pablo —que tuvo tanta fe como para expandir la Iglesia a lo largo del noreste del Impero Romano, y en la misma

Roma— pide algo concreto, y la respuesta es «no».

No sabemos cuál era ese «aguijón» de san Pablo. Pudo ser cualquier cosa; problemas de espalda, gota, jaquecas, incluso una constante tentación contra la que luchar. Es probable que los corintios lo supiesen; conocían a Pablo en persona y tal vez le habían oído quejarse. Por la forma de escribirles se puede suponer que sabían a qué se estaba refiriendo.

Fuese lo que fuese, le inquietaba tanto como para pedir tres veces al Señor que le librase. Pero no lo hizo.

No fue a causa de su falta de fe, afirma; fue porque Dios tenía motivos para aquel dolor, el que fuese. San Pablo cree que ese padecimiento físico, ese recordatorio constante de su mortalidad es lo que evita que se «engría». Mantiene a raya a su soberbia. Al fin y al cabo, tenía motivos para enorgullecerse: las iglesias de casi todas las principales ciudades de Asia y Grecia le tenían por fundador y podría afirmar que había hecho más por propagar la Palabra que el mismo Pedro.

San Pablo dedica buena parte de su segunda carta a los corintios a enumerar sus logros, no por orgullo, sino porque los propios corintios le empujan a hacerlo. Algunos de ellos habían puesto en entredicho su autoridad como discípulo, y era preciso que les mostrase cómo Cristo le había otorgado esa facultad.

«No que por nosotros mismos seamos capaces de atribuirnos cosa alguna, como propia nuestra, sino que nuestra capacidad viene de Dios» (*2 Co* 3, 5).

Pablo les trae a la memoria lo que ya deberían saber sobre él: las pruebas que ha sufrido y todo lo que ha logrado. Tenía mucho de lo que enorgullecerse, pero ese orgullo habría sido letal para su misión. En el mismo instante en el que se hubiese atribuido los méritos a sí mismo y no a Dios, habría perdido la mirada constante hacia Cristo que había posibilitado su misión.

Siempre que nos sintamos tentados de quejarnos de que Dios no atiende a nuestras súplicas deberíamos recordar la experiencia de Jesús y de san Pablo.

Por eso, afirma Pablo, es por lo que padece ese «aguijón», ese recordatorio de que por sí mismo es débil. Cuando rogó para verse libre de él, la respuesta fue negativa. En su lugar, el Señor le dijo: «Mi gracia te basta, porque mi fuerza se muestra perfecta en la flaqueza».

La gracia bajo presión

Los grandes logros no fueron de san Pablo, sino de Cristo.

El Señor le dio fuerzas para cumplirlos, no a pesar de su debilidad, sino precisamente por ella. Por eso san Pablo solo se «engríe» en su flaqueza:

> «Pero llevamos este tesoro en recipientes de barro para que se vea que una fuerza tan extraordinaria es de Dios y no proviene de nosotros. Atribulados en todo, mas no aplastados; perplejos, mas no desesperados; perseguidos, mas no abandonados; derribados, mas no aniquilados. Llevamos siempre en nuestros cuerpos por todas partes el morir de Jesús, a fin de que también la vida de Jesús se manifieste en nuestro cuerpo. Pues, aunque vivimos, nos vemos continuamente entregados a la muerte por causa de Jesús, a fin de que también la vida de Jesús se manifieste en nuestra carne mortal».

2 Co 4, 7-11

La gracia es una potestad divina, y no solo un favor inmerecido. Dios se compadece de nosotros pero también nos fortalece en medio de nuestra debilidad y nuestras fracturas. Solo cuando dejamos de confiar en nuestras propias fuerzas, podemos descubrir que la fortaleza de Dios siempre nos acompaña. Aquellos que creen que son ellos los que se mantienen en pie harían mejor en tenerlo en cuenta antes de caer: nuestro mayor problema no es el sufrimiento, sino el orgullo. En ocasiones el dolor nos ayuda a superar nuestra soberbia y entonces ese sufrimiento —aunque siga costando— es positivo.

Por el tierno amor que nuestro buen Señor tiene a todos aquellos a los que salvará, nos reconforta dulce y prontamente asegurándonos que «es cierto que el pecado es la causa de todos los males, pero todo irá bien, todo irá bien, y todo estará bien».

Santa Juliana de Norwich

De hecho, san Pablo fue más lejos aún, llegando a celebrar sus sufrimientos. En una ocasión escribió:

«Más aún; nos gloriamos hasta en las tribulaciones, sabiendo que la tribulación engendra la paciencia; la paciencia, virtud probada; la virtud probada, esperanza, *y la esperanza no falla*, porque el amor de Dios ha sido derramado en nuestros corazones por el Espíritu Santo que nos ha sido dado».

Rm 5, 3-5

No nos debería sorprender que nuestra fe sea sometida a examen, como la de san Pablo y la de Abraham. Pero ya conocemos las respuestas de esa prueba; si confiamos solo en nuestras fuerzas, fracasaremos. Si confiamos en la fortaleza de Dios, nada podrá detenernos.

Dios no quiere que nos limitemos a resignarnos; no nos dejará para siempre estancados en la dificultad y nos enseña la vía de escape.

¿Cómo podemos estar seguros? Contamos con la garantía de un Dios todopoderoso y con sus promesas. Es un seguro sagrado para los que tienen fe. La esperanza es, según la definición clásica, la certeza de la felicidad futura. Como dijo san Pablo: «Yo sé bien en quién tengo puesta mi fe, y estoy convencido de que es poderoso para guardar mi depósito hasta aquel día» (*2 Tm* 1, 12).

Santo Tomás de Aquino, uno de los hombres más santos y más inteligentes de la historia, confió tanto como para arriesgar toda su vida: al igual que nosotros, tenía todos los motivos para albergar esa certeza y esa garantía sagrada de salvación: «La esperanza no se basa principalmente en la gracia ya recibida, sino en la omnipotencia y misericordia de Dios… Todo el que tiene fe tiene la certeza de que Dios es omnipotente y misericordioso».

Para recordar

El poder de Dios
es más evidente
en nuestros momentos
de debilidad.

7. LA VÍA DE ESCAPE

Mi refugio y mi escudo eres tú, yo espero en tu palabra.

Salmo 119, 114

Aunque con la vista puesta en la gloria divina, san Pablo sabía que debía sufrir mientras viviese «en la carne» (*Ga* 2, 20), y que moriría (*Flp* 1, 23). Para los que no atesoramos los elevados dones teológicos de san Pablo, el sufrimiento y la muerte son profundos misterios. Sabemos que entraron en el mundo por el pecado (*Rm* 5, 12), pero también creemos que Dios nos liberó del poder del pecado y de la muerte (*Rm* 8, 2). Siendo así, ¿por qué debemos sufrir las pérdidas y morir?

Pablo sabía que el mismo Jesucristo había sufrido, no como sustituto de una humanidad pecadora, sino como su representante. De esta forma, la pasión salvífica de Cristo no nos ahorró el sufrimiento, pero lo revistió de poder divino y de valor redentor.

San Pablo pudo incluso «regocijarse» en sus padecimientos, «más aún; nos gloriamos hasta en las tribulaciones, sabiendo que la tribulación engendra la paciencia; la paciencia, virtud probada; la virtud probada, esperanza, y la esperanza no falla, porque el amor de Dios ha sido derramado en nuestros corazones por el Espíritu Santo que nos ha sido dado» (*Rm* 5, 3-5).

La vida desciende para hacerse matar; el pan desciende para tener hambre; el camino desciende para fatigarse andando; la fuente desciende para sentir la sed; y ¿tú vas a negarte a sufrir?

SAN AGUSTÍN DE HIPONA

San Pablo nos legó la clave del sufrimiento: «Porque estimo que los sufrimientos del tiempo presente no son comparables con la gloria que se ha de manifestar en nosotros» (*Rm* 8, 18). Por medio del espíritu somos hijos de Dios —«hijos en el Hijo», según la expresión clásica de los Padres—. Y Dios da a sus hijos todo lo que tiene, incluida la participación en su naturaleza divina (*2 P* 1, 4). Pero a su Hijo no le evitó el sufrimiento, sino que este fue una parte central en la misión de Jesús como redentor. Del mismo modo está en nosotros, como participación en su vida y misión.

Por lo tanto, el sufrimiento no es una sección optativa en la vida cristiana. Recordemos lo que nos dijo san Pablo: «Y, si hijos, también herederos: herederos de Dios y coherederos de Cristo, ya que sufrimos con él, para ser también con él glorificados» (*Rm* 8, 16-17). Sin sufrimiento no hay gloria.

Podemos soportar el sufrimiento porque es una nadería comparado con la alegría que nos aguarda; podemos resistirlo porque Dios está de nuestro lado.

La única vía de escape

Lo que no podemos hacer es resistirlo por nuestra cuenta. Necesitamos ayuda.

«Así pues, el que crea estar en pie, mire no caiga. No habéis sufrido tentación superior a la medida humana. Y fiel es Dios que no permitirá seáis tentados sobre vuestras fuerzas. Antes bien, con la tentación os dará modo de poderla resistir con éxito».

1 Co 10, 12-13

Eso sí: esta resistencia no quiere decir que podamos evitar la prueba. No, nuestra vía de escape nos conduce directamente hacia la llama; por eso san Pablo afirma que Dios «con la tentación os dará modo de poderla resistir con éxito». Sea lo que sea lo que nos acucia, debemos resistirlo. Debemos sufrir esa tentación, esa pérdida, ese dolor, y superarlo.

Pero Dios también nos promete que podremos hacerlo, si aprendemos que somos débiles y necesitados. No somos capaces de superar las pruebas solos, pero, si estamos dispuestos a apoyarnos en el Señor —algo que con frecuencia no aprendemos hasta que nos quedamos sin ningún otro soporte—, entonces Él nos conducirá a través de las tinieblas hasta la luz, al otro lado. Nos ofrece la ruta para escapar: los sacramentos.

Los sacramentos nos unen con Cristo; hacen que nuestro sufrimiento se incorpore al de Cristo. El mismo Pablo relaciona ambos; tras prometer a sus lectores el «modo de resistir», en las líneas inmediatamente posteriores traza el mapa de la vía de escape, urgiéndoles a repudiar la adoración a los ídolos por la verdadera adoración —la eucarística—. ¡Esa es la ruta de escape!

«La copa de bendición que bendecimos, ¿no es acaso comunión con la sangre de Cristo? Y el pan que partimos, ¿no es comunión con el cuerpo de Cristo?» (*1 Co* 10, 16). Cuando comemos el pan y bebemos el vino, el cuerpo y la sangre de Cristo pasan a formar parte de nuestro cuerpo, y adquirimos la fuerza para sobrellevar el sufrimiento del mismo modo en que Cristo lo hizo.

Superamos las pruebas que se alzan ante nosotros —tan duras como se presenten— porque poseemos el cuerpo que padeció la prueba más exigente de todas.

Dios es fiel, afirma san Pablo, y nos dará el modo de poder resistir la tentación con éxito.

«Con Cristo estoy crucificado: y no vivo yo, sino que es Cristo quien vive en mí; la vida que vivo al presente en la carne, la vivo en la fe del Hijo de Dios que me amó y se entregó a sí mismo por mí».

Ga 2, 20

Aquí es donde los caminos de Dios y los caminos del mundo difieren absolutamente. El mundo nos ofrece también vías de escape. De hecho lo hace sin cesar, y prometiendo siempre que, tomando ese rumbo, se acabará para siempre el sufrimiento.

El alcohol, el sexo, las drogas; es fácil verlas como evasiones. Provocan que el dolor se evapore y que nos sintamos bien de nuevo. Al menos durante un tiempo.

Sin la Sagrada Eucaristía no habría felicidad en el mundo y la vida sería insoportable.

San Juan María Vianney

Por su parte, la Iglesia se limita a prometernos que, aunque todos suframos, contaremos con la fortaleza para sobrellevarlo. No es una oferta demasiado tentadora, y lo sería menos si desconociésemos la meta de los momentos difíciles. Las épocas de padecimiento nos acercan a Dios y nos asemejan a su Hijo, y eso es algo que no pueden ofrecer las rutas de escape que nos ofrece el mundo. Estas salidas nos empujan alegremente por la senda de la perdición, alejándonos de Dios hasta que nada puede hacernos volver a Él.

Para recordar
Los sacramentos
nos proporcionan la vía de escape
a nuestros problemas.

8. EL TOQUE DE LA CRUZ

Cada vez que en esta carne mía pecadora trazo la señal de la cruz, todos los buenos pensamientos se agitan en mí, y se despierta la aletargada fuerza divina; hasta allí se eleva el coraje, alto y verdadero, para sufrir y para hacer.

SAN JOHN HENRY NEWMAN,
«EL SIGNO DE LA CRUZ»

Cuando Cristo murió en la cruz, no hizo desaparecer el dolor, sino que revistió a nuestros padecimientos y luchas de un significado santo y de un poder redentor que convierten en un privilegio nuestros sufrimientos con Cristo.

La cruz de Jesús otorga dignidad incluso a las leves incomodidades de nuestras vidas; cuando unimos nuestros problemas —grandes o pequeños— al sufrimiento de Cristo, participamos en la redención del mundo y nos volvemos plenamente humanos. Somos héroes y somos divinos porque nos asemejamos a Cristo, aunque nadie se dé cuenta.

El efecto de la Cruz es como el del rey Midas, que eleva hasta el infinito el valor de lo que bendice. Así lo expresó el gran autor espiritual carmelita Gabriel de Santa María Magdalena:

«Jesús afirma que nuestros sufrimientos son una cruz porque esa palabra significa instrumento de salvación, y Él no quiere que nuestros padecimientos sean estériles, sino que se conviertan en una cruz, esto es, en un medio para elevar y santificar nuestras almas. Todo sufrimiento se transforma, se convierte en una cruz si la aceptamos como venida de las manos del salvador y nos aferramos a su voluntad, que transforma ese dolor para nuestro crecimiento espiritual. Esto, que es cierto para los grandes sufrimientos, también lo es para los pequeños; todos forman parte del plan divino y todos, hasta los más insignificantes, han sido predispuestos por Dios desde la eternidad para nuestra santificación».

El efecto de la Cruz es como el del rey Midas, que eleva hasta el infinito el valor de lo que bendice.

Cuando vengan los momentos de dificultad, comencemos nuestras oraciones con la señal de la cruz y recordemos que Dios nos ama. Bendigamos nuestro sufrimiento con la señal sagrada, volviéndolo santo.

Debemos aguardar la curación de todas nuestras heridas por la señal de la cruz.

San Máximo de Turín

Para adquirir la fortaleza necesaria para resistir, nos volvemos hacia la Cruz y hacia los sacramentos. También podemos protestar al Señor, pero conservando siempre la fe.

Dios no abandonó a David, a pesar del cariz que habían tomado sus problemas en el Salmo 22. Dios no abandonó a su Hijo en la cruz, aunque todo pareciese infinitamente espantoso. Tampoco nos abandonará a nosotros.

Las pruebas son duras, pero no suponen nada si se comparan con la gloria que nos espera. Lo soportaremos; Dios nos otorgará la fortaleza, y podemos regocijarnos con la certeza de que sufrimos durante unos instantes con Cristo, de tal modo que podamos acompañarle para siempre en la gloria.

Para recordar
Nuestros sufrimientos
poseen dignidad porque son cruces,
y por tanto son de Cristo.

UN ACTO DE ESPERANZA

Oh Dios mío, confiando en tu omnipotencia e infinita misericordia y en tus promesas, espero obtener el perdón por mis pecados, el auxilio de tu gracia y la vida eterna, por los méritos de Jesucristo, mi Señor y Redentor.

Amén.